001
helvetica

この作品はフィクションです。
実在の人物・団体・事件などにはいっさい関係
りま

0001 / Suspicion et culpabilité

SI J'ÉTAIS UNE FILLE, JE T'ÉPOUSERAIS !
BEURK, ARRÊTE !
TOI QUI CUISINES SI BIEN... C'EST QUAND MÊME DU GÂCHIS !
MAJOSHI
IKAINO
AVEC UN APPARTEMENT COMME LE TIEN, TU N'ES PAS PRÈS DE TE TROUVER UNE COPINE !

JE NE COMPRENDS PAS CE QUE TU LEUR TROUVES, À CES FILLES IMAGINAIRES...
FAIS ATTENTION AVEC ÇA !
C'EST UNE ÉDITION LIMITÉE DE KURUMI !
« KU-RUMI » ?
KURUMI HINOHARA ! L'HÉROÏNE DE « IKAI NO MAJOSHI »
« IKAMAJO », POUR LES INTIMES. ALIAS « SORCERESS QUEST IN THE UNCANNY INTER-DIMENSION ». « SQUID », EN ABRÉGÉ
VOUS DEVRIEZ REGARDER, C'EST ...
UNE GRANDE SÉRIE D'ANIMATION QUI PARLE D'AMOUR ET DE BASTON, OÙ DES FILLES APPELÉES « JOSHI » NAVIGUENT ENTRE DEUX MONDES - SAUF QU'À L'ÉPISODE CINQ, IL EST RÉVÉLÉ QUE LE MONDE PARALLÈLE EST EN FAIT NOTRE TERRE IL Y A PLUSIEURS DIZAINES DE MILLIERS D'ANNÉES ; L'HISTOIRE DE LA SCIENCE ET DE LA MAGIE SONT ALORS BOULEVERSÉES, ET SUR FOND D'ÉPOPÉE GRANDIOSE SE CÔTOIENT AVEC PROFUSION DESCRIPTIONS PSYCHOLOGIQUES SOBRES, « CHARACTER DESIGN » IRRÉPROCHABLE ET SCÈNES DE BRUTALITÉ
J'OUBLIE QUELQUE CHOSE ?
TU NOUS ASSOMMES TELLEMENT AVEC ÇA QUE JE SUIS ALLÉ LIRE LE WIKI. ÇA M'A SUFFI
IPPEI, C'EST DOMMAGE DE TOUJOURS SE CONTENTER DU WEB...
CE N'EST PAS MON TRUC, LES MONDES PARALLÈLES
IL ME FAUT DU RÉALISME. QUELQUE CHOSE QUI DONNE À RÉFLÉCHIR DU POINT DE VUE SOCIOLOGIQUE
JUSTEMENT... CE MONDE PARALLÈLE, C'EST NOTRE MONDE...

JE VAIS NOUS METTRE UN ÉPISODE !
REGARDEZ BIEN LE COMBAT PENDANT LE COUPLET PHARE DU GÉNÉRIQUE !
C'EST UNE MER-VEILLE DE...
MERCI POUR LE REPAS !
DÉSOLÉS, MAIS NOUS DEVONS Y ALLER
VOUS PARTEZ DÉJÀ ?
UNE FILLE DE LA FAC N'ARRÊTE PAS DE RÉCLAMER QU'ON SE VOIE
ELLE ME FAIT DE LA PEINE AVEC SES EMOJIS...
MOI, J'AI UNE DISSERTATION DE SOCIOLO-GIE À FAIRE
J'AI BESOIN DE CALME POUR ME CONCENTRER
BON. MAIS LA PRO-CHAINE,
ASAHI !
!
TAC

CADEAU ! C'EST UNE AMULETTE QUI ATTIRE LES FEMMES. ALORS, SORS UN PEU DE CHEZ TOI !
CE N'EST PAS EN RESTANT CLOÎTRÉ À REGARDER DES DESSINS ANIMÉS QUE TU RECEVRAS LA VISITE D'UNE BELLE INCONNUE VENUE D'UN AUTRE MONDE !
?
C... C'EST GENTIL, MAIS...
GARDE-LE. AU CAS OÙ !
ET MOI, KOTA ? PRÉSENTE-MOI DES FILLES, AUSSI !
SI JE TE TROUVE UNE PRÉTENDANTE POTABLE, JE TE LA PRÉSENTERAI. À DEMAIN POUR LE REPAS !
EN ÉCHANGE DE QUOI ? ASAHI ME NOURRIT, LUI !
...
AH, C'EST ÇA TA CONCEPTION DE L'AMITIÉ ?!
ON SE VOIT À LA FAC, ASAHI !
ILS N'ONT MÊME PAS DÉBARRASSÉ...

JE VAIS VITE NETTOYER TOUT ÇA ET ME REPASSER LE DERNIER ÉPISODE D'IKAMAJO AVANT D'ALLER AU TRAVAIL
SACRÉ KOTA...
JE NE SUIS PAS NAÏF AU POINT DE CROIRE QU'UNE FILLE VA VRAIMENT APPARAÎTRE DE NULLE PART...
DING DONG
...
DING DONG
NON... CE... CE SERAIT COMPLÈTEMENT ABSURDE !
DING DONG DING DONG
JE PARIE QUE C'EST KOTA QUI ME FAIT UNE BLAGUE !

BOM BOM
BOM BOM
Q... QU'EST-CE QUE... ?
BOM BOM
DING DONG DING DONG
KOTA... NE FERAIT PAS ÇA ?
DING DONG DING DONG
ÇA NE PEUT TOUT DE MÊME PAS ÊTRE...
UNE BELLE INCON...

NUE...
CHAT ?!

JE... JE RÊVE ?
?!
QUI ÊTES-VOUS ?
!!
AAAH !

QUOI QUOI QUOI QUOI QUOI QUOI QUOI QUOI ?!
AAAAH !
POSE CE COUTEAU !
OÙ EST LA PERSONNE QUI HABITE ICI ?
E... EUH... OK...
...
OUILLE OUILLE OUILLE ...
TOC
AÏE !

NE T'INQUIÈTE PAS, KOMA
SLURP
SLURP
Q... QU'EST-CE QUE C'EST QUE CE CIRQUE ?
Q... QUE VENEZ-VOUS FAIRE CHEZ MOI ?
!
MIAOU
MIAOU
HÉ...?
KOMA, QU'EST-CE QUE TU FABRIQUES ?
CE N'EST PAS LUI QU'ON CHERCHE
...
KOMA !
REGARDE-LE, VOYONS ! ÇA NE PEUT PAS ÊTRE LUI
SNIF
SNIF
MIAOU
RON RON
RON RON RON RON

?
HIII !
VLAN
OUH... !
A... ARRRRH...
C'EST BIEN CE QUE JE PENSAIS

KOMA ! C'EST UN GARÇON
S... SI JE M'ATTENDAIS À ÇA...
ÉCARTE-TOI DE LUI
EST-CE QU'UNE FILLE EST VENUE ICI, RÉCEMMENT ?
HEIN ?
JE TE DEMANDE SI UNE FILLE EST VENUE ICI !
N... NON !
V... VOUS ÊTES LA PREMIÈRE !
VOUS DEVEZ ME CONFONDRE AVEC QUELQU'UN D'AUTRE...
ARRÊTE ! ÇA CHATOUILLE !
SLURP
SLURP
KOMA ! NE LÈCHE PAS ÇA !
!

VOTRE MAIN...
VOUS SAIGNEZ !
C'EST... MOI, AVEC MON COUTEAU ?
J... JE SUIS DÉSOLÉ
ÇA VA... ?
OUAR-GLAH !
MIAOU
MIAOU
RAAH...
GAAH ...

SALE PORC !
CLAAC
KOMA ! ON S'EN VA !
TÂCHE DE NE PLUS JAMAIS TE TROMPER COMME ÇA !
E...
EUH...
EUH...
HEIN ?
animate

DANS UN FUTUR DÉVASTÉ... LE PLUS GRAND PÉCHÉ DE L'HUMANITÉ S'APPRÊTE À ÊTRE RÉÉCRIT PAR LES ARMES !
« INNOCENT GUILTY » ! BLU-RAY, DVD ET BANDE SONORE DISPONIBLES LE 8 OCTOBRE !
VOICI VOTRE MONNAIE
MERCI POUR VOTRE ACHAT
MAYUZUMI
...
TU AS L'AIR FATIGUÉ, MAYUZUMI...

SI TU VEUX, JE PEUX TE REMPLACER À LA CAISSE ?
NAVRÉ... JE SUIS LITTÉRALEMENT EN COMPOTE
CETTE FILLE... QUE POUVAIT-ELLE BIEN CHERCHER ?
PAS KOTA, QUAND MÊME ? IL N'OSERAIT PAS TOUCHER À UNE LYCÉENNE...
SI ON M'AVAIT DIT QU'UN JOUR, UNE BELLE INCONNUE SONNERAIT VRAIMENT À MA PORTE !
DOMMAGE QU'AU LIEU DE M'EMMENER DANS UN MONDE PARALLÈLE, ELLE M'AIT ROUÉ DE COUPS...
MAYUZUMI ! CETTE POCHETTE...
C'EST LE CADEAU PROMOTIONNEL DE LA CLIENTE QUI VIENT DE REPARTIR !
OH NON ! J'AI OUBLIÉ DE LE METTRE DANS LE SAC !
C'EST RARE, DE TE VOIR FAIRE CE GENRE D'ERREUR...
J'ESPÈRE QU'ELLE N'EST PAS TROP LOIN...
JE VAIS ESSAYER DE LA RATTRAPER !

animate
?!
JE N'AI PAS L'IMPRESSION...
QUE CE SOIT SON COPAIN...
SE POURRAIT-IL QU'IL SOIT... EN TRAIN DE L'IMPORTUNER ?
ALLEZ, VIENS BOIRE UN VERRE
DONNE TON SAC. JE VAIS LE PORTER
EUH... JE... N... NON MERCI...

ARRÊTE DE FAIRE DES FAÇONS !
LÂCHEZ ÇA !
FTAC
J... JE NE VEUX PAS DE PROBLÈME AUJOURD'HUI
AAAH !
AISSE-MOI PRENDRE
RAGU
JE T'ATTENDS EN CLASSE
!
J'EN ÉTAIS SÛR ! T'AS UNE TÊTE À AIMER CE GENRE DE TRUCS !
SECRETS INTIMES RÉVÉLÉS
L'ESCLAVE DES ADONIS
PAR L'ENFANT TERRIBLE DU YAOI !
ENFIN ! 100 DE VUES
HA HA HA HA ! JE PIGE PAS CE QUI TE PLAÎT, LÀ-DEDANS !
MAIS BON, AU MOINS C'EST LA PREUVE QUE TU AIMES LES MECS !

SI TU VEUX, J'APPELLE UN POTE QUI A UNE TRONCHE D'ANGE
...
ÇA T'EXCITERAIT, ÇA, NON ?
QU'EST-CE QUI SE PASSE ?
IL Y A UNE FILLE QUI EST TOMBÉE
SON SAC S'EST VIDÉ
BROUHAHA
EXCUSEZ-MOI, MADEMOISELLE
J'AI OUBLIÉ DE VOUS DONNER VOTRE CADEAU PROMOTIONNEL
MAYUZUMI

A... AH BON... EUH... MERCI ! C'EST GENTIL À VOUS !
NE ME REMERCIEZ PAS. JE SUIS VRAIMENT NAVRÉ
TENEZ, VOICI VOTRE POCHETTE TRANSPARENTE BONUS « RANDORI » !
DIS DONC, TOI ! LA DEMOISELLE ET MOI...
KINGM
ON ÉTAIT EN TRAIN DE DISCUTER
FAISONS SEMBLANT DE NE RIEN ENTENDRE
S... SUIVEZ-MOI. ALLONS À L'INTÉRIEUR
animate
M... MERCI
...
KINGM
OUF !
JE M'EN SUIS BIEN SORTI...
TAP TAP TAP TAP

JE T'AI MIS QUELQUES MÈTRES D'ÉLAN EN PLUS
C'EST MON CADEAU BONUS À MOI. ÇA T'APPRENDRA À M'IGNORER !
MES LUNETTES ...
OÙ SONT MES LUNETTES ?
CE GENRE DE GONZESSES, C'EST DE LA FILLE FACILE ! C'EST POUR ÇA QUE JE L'AI ABORDÉE

LÂCHEZ-MOI...
OUPS... PARDON, JE NE L'AI PAS FAIT EXPRÈS...
PEUH
T'AS LE CHOIX. SOIT JE TE TUE, SOIT TU ME PAIES CENT MILLE YENS DE DOMMAGES. TU PRÉFÈRES QUOI ?
ARGH
JE SAVAIS QUE JE N'AURAIS PAS DÛ M'EN MÊLER !
ILS SE BATTENT, MAINTENANT ?
OUAH...
J'AI MAL ! J'AI MAL ! ENTRE CETTE PETITE FRAPPE ET LA FILLE DE TOUT À L'HEURE, QU'EST-CE QUE J'AI FAIT POUR MÉRITER ÇA ?
SI SEULEMENT ON ÉTAIT DANS UN MONDE PARALLÈLE ! JE LE REMET-TRAIS À SA PLACE AVEC MES SUPER-POUVOIRS !
EST-CE QU'IL VA ME LÂCHER, OUI ?!
PARDON... LÂCHEZ-MOI, S'IL VOUS...

PLAÎT !

FRO

POOF
WHAM

QUELQU'UN ! APPELEZ UNE AMBULANCE !
BON SANG ! BON SANG ! BON SANG !
C'EST HORRIBLE !
ON DIRAIT QU'IL Y A DES FLAMMES, NON ?
SUR LA VOITURE ? ELLE BRÛLE ?!
NON... SUR LE TYPE ! UN EXTINCTEUR, VITE !
PIN PON
PIN PON

POMPIERS DE TOKYO
EXCUSEZ-MOI...
OUI ?
LE GARÇON QUI EST VENU M'AIDER...
LES POLICIERS L'ONT EMMENE AVEC EUX
LES POLICIERS ?
MAIS... JE VIENS À PEINE DE LES ALERTER ?!

QU'EST-CE QUI S'EST PASSÉ... ?
TOUT EST ALLÉ TRÈS VITE, MAIS... JE SUIS PRESQUE SÛR D'AVOIR VU DES FLAMMES !
EST-CE QU'IL AVAIT QUELQUE CHOSE D'IN-FLAMMABLE SUR LUI ?
DE L'ALCOOL ? UN BRIQUET ?
MAIS DE TOUTE FAÇON, UN TEL FEU, ÇA NE PREND PAS COMME ÇA !
EST-CE QUE... ÇA AURAIT PU VENIR DE MOI ?
UNE DÉCHARGE ÉLECTRIQUE RÉSIDUELLE ? NON, C'EST ABSURDE !
VOUS VOULEZ JUSTE... ME POSER QUELQUES QUESTIONS, C'EST BIEN ÇA ?
APRÈS, JE POURRAI TOUT DE SUITE RENTRER CHEZ MOI ?
NE VOUS EN FAITES PAS
TOUT SERA TRÈS VITE TERMINÉ

HÉ... ?!

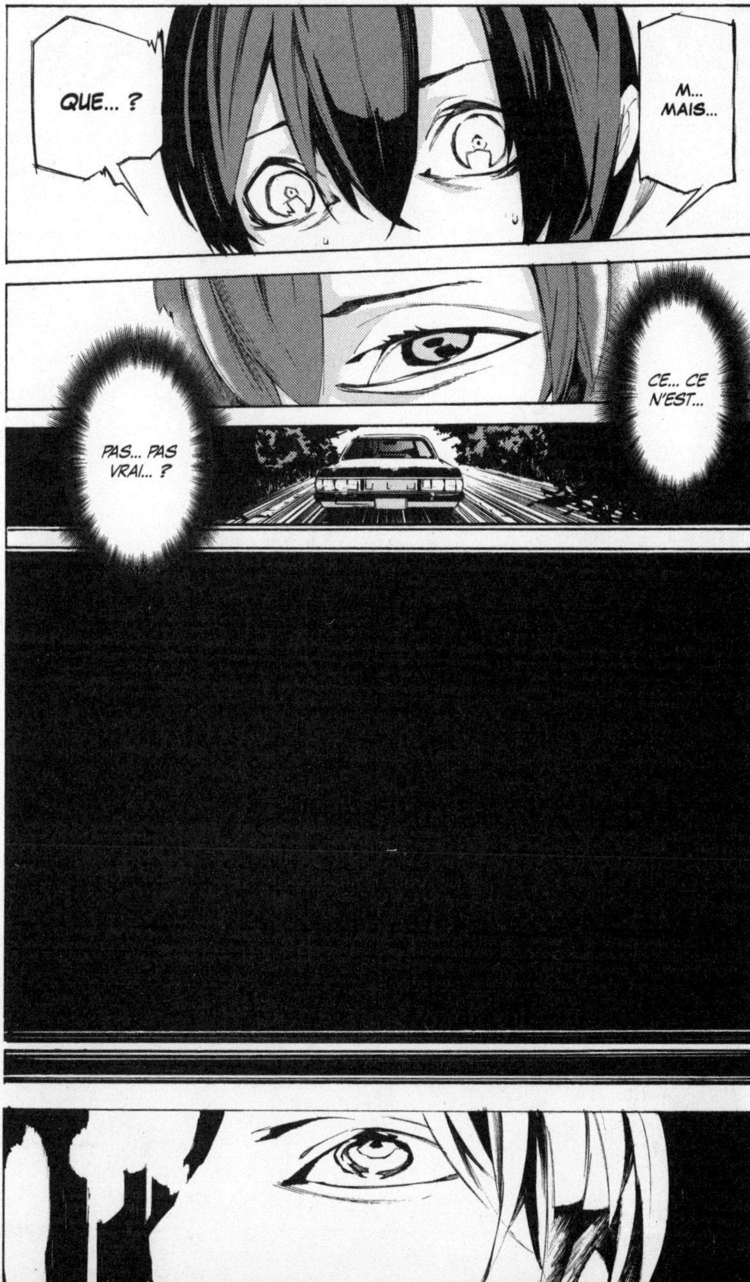
M... MAIS...
QUE... ?
CE... CE N'EST...
PAS... PAS VRAI... ?

Q... QUE SE PASSE-T-IL ?
OÙ SUIS-JE ?
JE NE PEUX PAS BOUGER !
!
QUI SONT CES GENS... ?
DES POLICIERS ?!

ASAHI MAYUZUMI. DIX-NEUF ANS
C'EST UN GARÇON
IL N'Y A RIEN D'INCONCEVABLE À EN TROUVER UN AU JAPON. SELON CERTAINES ARCHIVES PUBLIQUES...
DE QUOI PARLENT-ILS ?
IL SEMBLERAIT MÊME QU'ILS AIENT ÉTÉ PLUS NOMBREUX QUE LES FILLES À MOSCOU ET EN ISLANDE
QUE... QUE ME VOULEZ-VOUS ?
D... DÉTACHEZ-MOI, S'IL VOUS PLAÎT !
TOUTEFOIS, CES SEULES IMAGES SONT INSUFFISANTES POUR TIRER DES CONCLUSIONS DÉFINITIVES
DVD
0:59
Retweeté 5492 fois - 3485 j'aime
MOI, JE VOUS DIS QU'IL EST COUPABLE !

REGARDEZ CE BANDAGE. C'EST POUR CACHER SA MARQUE !
Q... QUELLE « MARQUE » ?
JE... JE ME SUIS COUPÉ !
MENTEUR. TU T'ES BLESSÉ EXPRÈS
ON NE SE COUPE PAS LA PAUME EN FAISANT LA CUISINE
ZWIP
ZWIP
RECULEZ ! JE VAIS TOUT LUI FAIRE AVOUER, ÇA IRA PLUS VITE !
VROOOOOM
COMME LA DERNIÈRE FOIS

WIIIIIII
DIS-NOUS LA VÉRITÉ
DEPUIS QUAND ES-TU UNE « SORCIÈRE » ? EST-CE QU'IL Y EN A D'AUTRES QUE TOI ?
C... C'EST UNE BLAGUE ?!
K... KOTA ! C'EST TOI ? TU VAS TROP LOIN, LÀ ! JE NE TROUVE PAS ÇA DRÔLE !
ARRÊTE. LES AVEUX OBTENUS SOUS LA TORTURE NE SERVENT À RIEN
...
PEUH ! QU'EST-CE QU'ON S'ENNUIE, QUAND C'EST TOI QUI DIRIGES !
NOUS NE SOMMES PAS LÀ POUR NOUS AMUSER
AVEC LES FILLES, IL SUFFIT DE METTRE LE DOIGT POUR VÉRIFIER, MAIS LÀ...
OU ALORS ON ESSAIE AVEC L'AUTRE TROU ?
D... DE QUOI EST-CE QUE VOUS PARLEZ ?
OH !

DANS SON PORTEFEUILLE. J'AI TROUVÉ UNE « AMULETTE »
REGARDEZ
001
QUOI... ?
JE CROIS QUE JE TIENS UNE PREUVE ACCABLANTE !
CO... COMMENT ÇA, UNE AMULETTE ?! Q... QU'EST-CE QUE C'EST QUE CE MACHIN ?
IL FAUT VOUS CALMER...
COMME LE DISAIT LE JURISTE SAXON BENEDIKT CARPZOV...
« L'ESSENTIEL, C'EST DE JUGER AVEC CÉLÉRITÉ »

DÉGÂTS INFLIGÉS PAR VOIE MAGIQUE
MARQUE DANS LA PAUME
LUXURE
NON, MAIS... QU'EST-CE QUE VOUS RACONTEZ... ?
LUXURE... ? QUOI ?!
APPLIQUEZ...
LA SENTENCE !
FLAAP
?!

C'EST... C'EST DE PIRE EN PIRE ! JE COMMENCE SÉRIEUSEMENT À AVOIR PEUR !
MAIS... MAIS... HÉ ! HO ! ÇA NE VA PAS ?
QU'EST-CE QUI VOUS PREND ? ATTENDEZ ! ARRÊTEZ !
?!!
KA
LK
AU SECOURS ! S'IL VOUS PLAÎT ! ARRÊTEZ ! LIBÉREZ-MOI !
C'EST... C'EST QUOI, CE BRUIT ?
ATTENDEZ ! JE VOUS EN PRIE !
AN
KRO

ATTENDEZ, JE VOUS DIS ! KOTA... KOTA, C'EST TOI, PAS VRAI ? CETTE HISTOIRE D'AMULETTE...
C'ÉTAIT UNE FARCE ÉLABORÉE, N'EST-CE PAS ?
IPPEI, JE SUIS SÛR QUE TU ES LÀ AUSSI ! DIS-LUI D'ARRÊTER ! CE N'EST PAS DRÔLE DU TOUT ! C'EST PARCE QUE JE NE SORS PAS ASSEZ, QUE VOUS ME FAITES CETTE BLAGUE ?
KLON
K... KOTA...? I... IPPEI...? C... CE N'EST PAS VOUS ?
M... MAIS ALORS... Q... QUI ? P... POURQUOI ? JE VOUS EN SUPPLIE ! ARRÊTEEEEZ !
FROUSH
?!
D... DITES-MOI...
QUE C'EST UNE BLAGUE...

OUUSH
JE SENS... UNE DRÔLE DE CHALEUR...

AAH ! ÇA BRÛLE !
ÇA BRÛÛÛLE !
EN DESSOUS DE MOI... DU FEU ?! C'EST UN CAUCHEMAR ?! AAAAAARGH !

FRSCHHH
NE FAIBLISSEZ PAS ! NOUS DEVONS ALLER JUSQU'AU BOUT DE LA DÉLIVRANCE
BEURK !
N'ENLÈVE PAS TON MASQUE ! C'EST DANGEREUX !
FRSCH
BOM
BOM
M... MAIS... SI JAMAIS NOUS NOUS SOMMES TROMPÉS ?
TOUT CE QUI EST SUSPECT DOIT ÊTRE CONDAMNÉ
C'EST AINSI QUE LE MONDE A PU ÊTRE PRÉSERVÉ JUSQU'ICI

AURAIS-TU OUBLIÉ « L'ATTENTAT » ...
ET TOUTES LES PERSONNES QUI ONT SOUFFERT ?
SI NOUS N'AGISSONS PAS AUJOURD'HUI, D'AUTRES VICTIMES RISQUENT DE SUIVRE DEMAIN
ET SI NOUS NE FAISONS RIEN DEMAIN, C'EST UN BAIN DE SANG QUI NOUS ATTEND PEUT-ÊTRE APRÈS-DEMAIN
NOTRE MISSION ...
N'EST PAS UNE MISSION ORDINAIRE

VROOUUUM
POURQUOI EST-CE QU'ON LES BRÛLE VIFS ?
ÇA SERT À QUELQUE CHOSE ?
C'EST UN RITE VIEUX DE PLUSIEURS CENTAINES D'ANNÉES
ÇA SERT À LES LIBÉRER DU DIABLE...
AVANT DE LES ENVOYER AU CIEL
NOTRE MISSION NE S'ARRÊTE PAS AVANT DE LES AVOIR ENTERRÉS

CECI DIT, C'EST LA PREMIÈRE FOIS QUE J'EN VOIS UN COMME ÇA !
ON N'A MÊME PAS RÉUSSI À AVOIR TOUTE LA CHAIR. POURTANT, ON L'A LAISSÉ UN BON MOMENT...
?!

RASH

VROUUM
MIAOU !
MIAOU !

MIAOU !
GRAT
GRAT
GRAT
MIAOU !
GRAT
GRAT
GRAT
MIAOU !
DU CALME, KOMA
GRAT
GRAT
GRAT
MIAOU !
MIAOU !
ÇA SENT LE MÂLE
BEURK...
!

OUH...
ÇA VA ?
DÉSOLÉE ...
ÇA ME CAUSE DES ÉTOURDISSEMENTS ...
POURQUOI T'INFLIGER UN TEL SUPPLICE...
RIEN QUE POUR CE TYPE ?
PARCE QUE JE CROIS QU'IL EST COMME NOUS
ARRÊTE
UN GARÇON ?! TU VEUX RIRE...

IL M'A AIDÉE...
ALORS JE VEUX LE SAUVER
?!
TU VEUX SAUVER...
ÇA ?

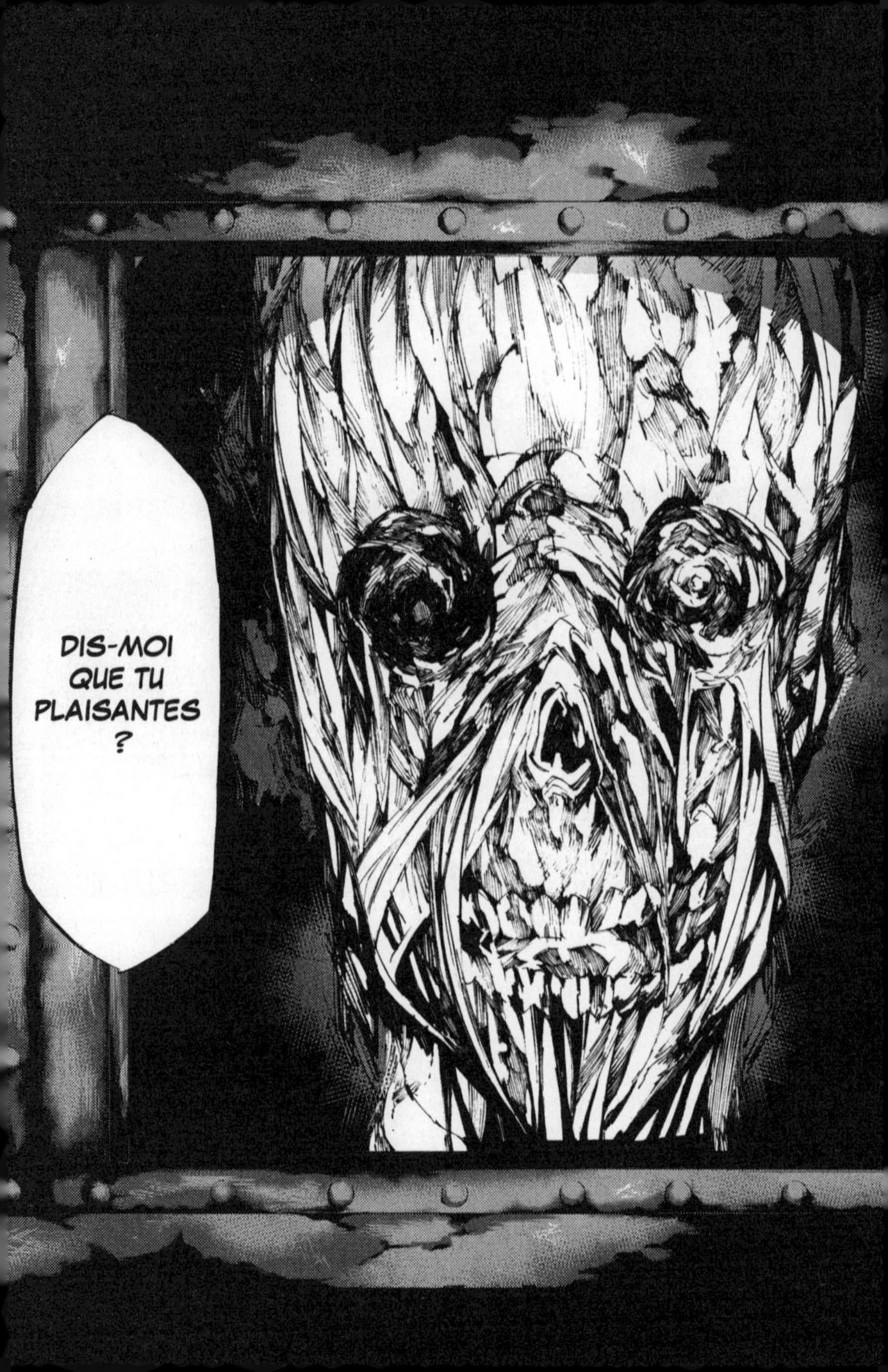
DIS-MOI QUE TU PLAISANTES ?

MIAOU
MIAOU

LA CHASSE AUX SORCIÈRES...
MENÉE PRINCIPALEMENT EN EUROPE ENTRE LE XVE ET LE XVIIE SIÈCLE, ELLE A CONDUIT SUR LE BÛCHER PRÈS DE CINQUANTE MILLE PRÉTENDUES SORCIÈRES
MANIPULATIONS POLITIQUES, RIVALITÉS RELIGIEUSES, TENSIONS SOCIALES... LES CAUSES RÉELLES DE CE PHÉNOMÈNE ÉTAIENT NOMBREUSES
LE TRISTEMENT CÉLÈBRE MATTHEW HOPKINS AURAIT NOTAMMENT MIS À MORT TROIS CENTS PERSONNES POUR DE LUCRATIVES RÉCOMPENSES
QUANT AU MAGISTRAT FRANÇAIS PIERRE DE LANCRE, QUI SE VANTAIT DE PLUS DE SIX CENTS CONDAMNATIONS, ON DIT MÊME QU'IL AURAIT AGI POUR SATISFAIRE PAR LA TORTURE SES APPÉTITS SEXUELS, ET RÉDUIRE AU SILENCE LES VICTIMES DE SES SÉVICES

ASAHI !
CE N'EST PAS EN RESTANT CLOÎTRÉ À REGARDER DES DESSINS ANIMÉS QUE TU RECEVRAS LA VISITE D'UNE BELLE INCONNUE VENUE D'UN AUTRE MONDE !

Q... QUE M'ARRIVE-T-IL ?
C... CE N'EST PAS VRAI ?!
ÇA BRÛLE... ARRÊTEZ...
AAAAAAAH !

AAAH...
AAAAH ...
AH !
AAAAAH !
?
HEIN... ?

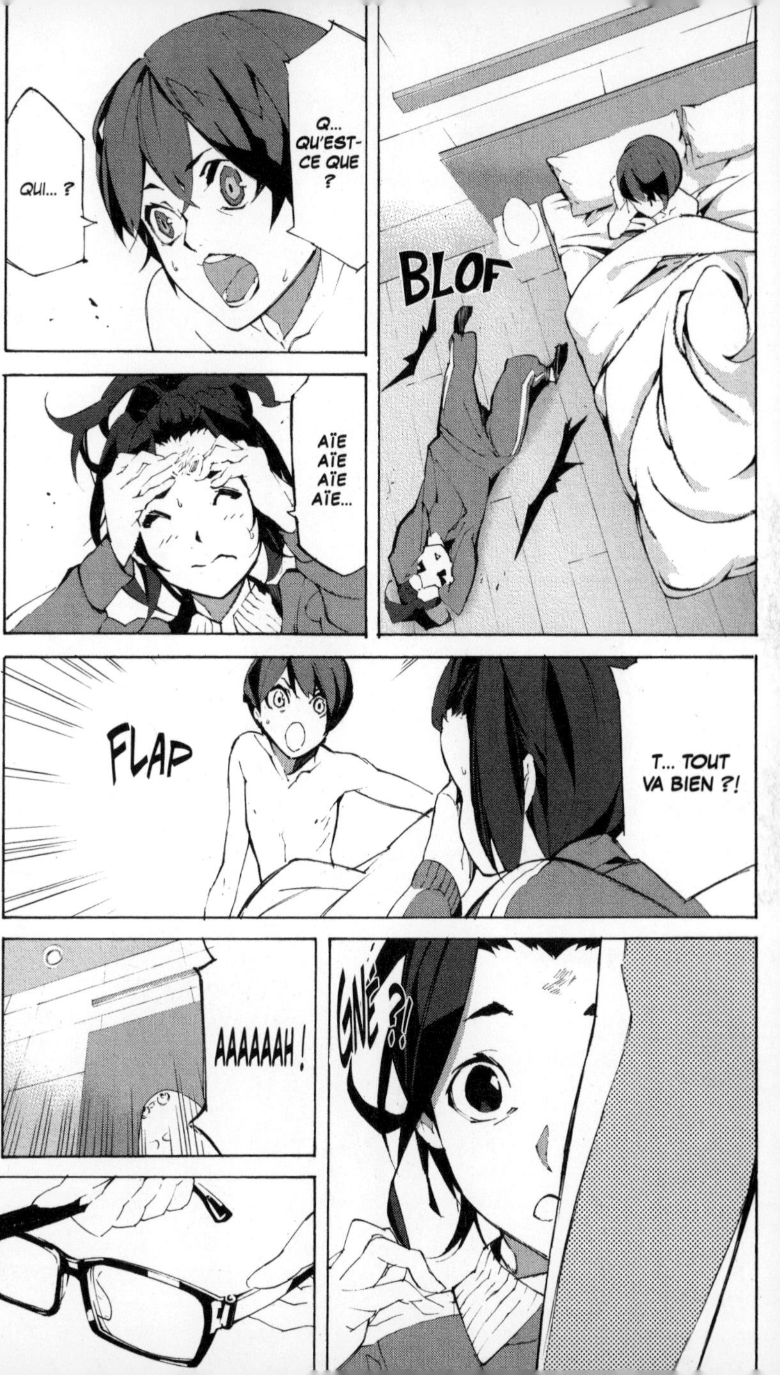
BLOF
Q... QU'EST-CE QUE ?
QUI... ?
AÏE AÏE AÏE AÏE...
T... TOUT VA BIEN ?!
FLAP
GNÉ ?!
AAAAAAH !

0002 / Appartement et jeunes femmes

TU NE PEUX PAS TE TENIR CORRECTE-MENT ?!
IL Y A UN GARÇON DANS LA SALLE
LAISSE-MOI ME CONCENTRER. J'AI PRESQUE FINI
QUI... QUI ÊTES-VOUS, AU JUSTE ?

MERCI ENCORE POUR LA DERNIÈRE FOIS
?
...
AH ! LA FILLE ! DEVANT LA LIBRAIRIE !
OÙ... SOMMES-NOUS ?
JE NE SAIS PLUS CE QUI M'EST ARRIVÉ...
EH BIEN...
TU AS ÉTÉ KIDNAP...
STOP !
NE LUI DIS RIEN D'AUTRE QUE LE STRICT NÉCESSAIRE !

CETTE FILLE...
J'AI L'IMPRESSION DE L'AVOIR DÉJÀ VUE...
!
LA LYCÉENNE QUI EST ENTRÉE DE FORCE CHEZ MOI !
ARGH ...
...
QU'EST-CE QUE TOUT ÇA SIGNIFIE... ?

UNE BELLE ET MYSTERIEUSE INCONNUE APPARAÎT DEVANT MOI...
ET ME VOILA SOUDAIN TRANSPORTÉ EN PLEIN MILIEU D'UN ENDROIT REMPLI DE FILLES !
DODOM
DODOM
TOUT ...
TOUT ÇA N'A AUCUN SENS !
DODOM

!
CE MASQUE... ÇA ME REVIENT ! DES INDIVIDUS MASQUÉS M'ONT ENFERMÉ QUELQUE PART...
ET... ET J'AI... J'AI FAILLI ÊTRE BRÛLÉ VIF...

...
?
C... CE N'EST PAS LE MOMENT DE FANTASMER SUR LE COUP CLASSIQUE DU HAREM...
CES FILLES... SONT-ELLES DU MÊME CÔTÉ QUE LES HOMMES MASQUÉS ?
TU VAS RESTER ICI PENDANT QUELQUE TEMPS
ELLES ME SÉQUESTRENT ?
LES TOILETTES ET LA SALLE DE BAINS SONT À DROITE DANS LE COULOIR...
BAM
PLUTÔT MOURIR QU'UTILISER LES MÊMES TOILETTES QU'UN GARÇON !
SI TU TOUCHES À LA BAIGNOIRE, À LA DOUCHE OU AU LAVABO, JE TE TUE !

M... ME TUER...?
ELLE N'EST PAS SÉRI...
BZZZT
BZZT
ÇA... ÇA ME RAPPELLE CE QU'IPPEI RACONTAIT...
J'AI LU UNE AFFAIRE HORRIBLE HIER SUR LE NET
ÇA PARLAIT DE GENS SÉQUES-TRÉS...
J'AI PASSÉ TOUTE LA NUIT À LIRE SUR LE SUJET
SANS DOUCHE NI TOILETTES, ET QUI SONT MORTS TORTURÉS À COUPS DE CHOCS ÉLEC-TRIQUES
NOUS SOMMES EN TRAIN DE MANGER, IPPEI
Q... QU'EST-CE QUE J'AI FAIT POUR ME RETROUVER DANS CE PÉTRIN ? CES GENS DOIVENT ME CONFONDRE AVEC UN AUTRE... !
Clic
Clic

TOI. DU FEU
EUH... JE SUIS DÉSOLÉ, MAIS...
JE NE FUME PAS, ALORS JE N'AI PAS DE BRIQUET...
TU N'AS PAS BESOIN DE BRIQUET, IL ME SEMBLE ?
E... EUH... MAIS... EUH... FEU...? EUH... JE...
OH, LA LA ! VITE ! JE DOIS TROUVER UNE IDÉE ! JE VAIS ME FAIRE TUER !

CE GARÇON... VOUS ÊTES SÛRES QUE... ?
OUI ! MOI, J'EN SUIS CERTAINE
BON. DE TOUTE FAÇON, ON N'A PAS D'AUTRE CHOIX QUE DE LE GARDER ICI
JE NE VOUDRAIS PAS QU'IL NOUS DÉNONCE
JE DOIS PARTIR TRAVAILLER. JE COMPTE SUR VOUS POUR LA SUITE
MOI AUSSI, JE DOIS Y ALLER
!
QUOI ? VOUS PARTEZ ?
EUH...
NE ME PARLE PAS

NE ME REGARDE PAS
NE T'APPROCHE PAS DE MOI
N'OUVRE PAS LE FRIGO
NE TOUCHE PAS À LA TÉLECOMMANDE
EN FAIT, NE TOUCHE À RIEN DU TOUT !
SURTOUT PAS À ELLE !
NE BOUGE PAS !
MAIS... JE...
NE ME PARLE PAS !
ET N'ESSAIE PAS DE T'ENFUIR

JE NE COMPRENDS RIEN À CETTE SITUATION, MAIS CE QUE JE SAIS...
C'EST QU'IL VAUT MIEUX NE PAS RESTER ICI ! JE N'AI PAS L'IMPRESSION QU'ELLES SOIENT PRÊTES À DISCUTER. JE DOIS FUIR VITE
SI TU OUVRES JE TE TUE !

IL Y AVAIT AUSSI DES ENFANTS QUI ÉTAIENT SÉQUESTRÉS
LES PAUVRES ÉTAIENT BRUTALISÉS ET FORCÉS DE PARTICIPER AUX MEURTRES
PSCH
SI TU OUVRES JE TE TUE.!
PSCHHH

SI TU OUVR
JE TE
KIII
HÉ ! TU ME FAIS MAL !
OUSTE ! ARRÊTE DE ME GRIFFER !
TU VAS ME BLESSER...
MIAOU
MIAOU
AÏE !
OUUH
UNE AUTRE PERSONNE ?

HIIIII !
JE DOIS FUIR CET ENDROIT !
HMM...
OUPS...
AÏE !
BOOM
MON DIEU !

QU'EST-CE QUE TU FABRIQUES ?
DÉSOLÉ !
HÉ !
BAAAM
?!
KLONK
ARRÊTE !
QU'EST-CE QUE C'EST QUE ÇA ?
OUVRE-TOI... OUVRE-TOI...
OUVRE-TOIIIII !
SHLUB
CLIC

HAA
HAA
HAA
HAA
J'AI RÉUSSI À M'ENFUIR JUSQUE CHEZ MOI...
HAA
HAA
PREMIÈRE CHOSE... ALERTER LA POLICE ?
HAA
HAA

MAUVAISE IDÉE. LA DERNIÈRE FOIS QUE J'AI EU AFFAIRE À ELLE, JE ME SUIS RÉVEILLÉ DANS UN ENDROIT BIZARRE...
ET PUIS, SI JE DÉNONCE LES FILLES, ELLES VONT RÉELLEMENT ME TUER
DU CALME... DU CALME !
IL S'EST PASSÉ TELLEMENT DE CHOSES ÉTRANGES QUE J'AI LA TÊTE SENS DESSUS DESSOUS
DANS LA VOITURE... ILS M'ONT INJECTÉ UN PRODUIT...
IL SE POURRAIT QUE J'AIE DES HALLUCINATIONS ? C'EST À L'HÔPITAL QUE JE DOIS ALLER !
ZUT !
JE VAIS APPELER KOTA OU IPPEI... J'OUBLIAIS... JE N'AI NI PORTABLE NI PORTEFEUILLE
NI MÊME MES CLÉS, D'AILLEURS
CLIC
ÇA ALORS ? C'EST OUVERT !
EST-CE QUE J'AURAIS OUBLIÉ DE FERMER ?

SKWIK
SKWIK
SKWIK
CE N'EST PAS VRAI ?
AAAH ! J'AI MAL ! J'AI MAL !
TOC
!!

PAS UN BRUIT, OU TU ES MORT
ALORS COMME ÇA, TU ES VRAIMENT RESSUSCITÉ !
HMM
HMM
IL Y A DONC AVEC TOI UNE « SORCIÈRE » CAPABLE DE RÉGÉNÉRER LES CORPS !
ENCORE CES MASQUES...
OÙ SONT TES ACOLYTES ?

JE... JE NE SAIS PAS DE QUOI VOUS PARLEZ...
LES SORCIÈRES QUI NOUS ONT VOLÉ TON CORPS PENDANT LE TRANSPORT !
OÙ EST-CE QU'ELLES T'AVAIENT CACHÉ ?
S... SORCIÈRES... ? J... JE NE COMPRENDS RIEN ! LES... LES FILLES...
DE L'APPARTEMENT ? JE CROYAIS QU'ELLES ÉTAIENT AVEC VOUS...
QUEL APPARTEMENT ?
QU'EST-CE QUE ÇA VEUT DIRE ?
EUH... COMMENT DIRE...
SI ÇA SE TROUVE, CES TYPES EN ONT APRÈS ELLES AUSSI ?!
...
J...
JE...
L'APPARTEMENT DES FILLES ÉTAIT VERS LA BIBLIOTHÈQUE, JE CROIS. MAIS...
JE N'AI AUCUNE ID...

CHOCK
HMMMMMMMM
BRÛLÉ ?
ALORS CE N'ÉTAIENT PAS DES HALLUCI-NATIONS ?!
NOUS T'AVONS DÉJÀ BRÛLÉ UNE FOIS. PLUS BESOIN DE CÉRÉMONIE, MAINTENANT !
QU'EST-CE QUE C'EST QUE CETTE HISTOIRE DE RÉGÉNÉRER LES CORPS ?
TUONS-LE SANS PERDRE DE TEMPS. C'EST UNE CHANCE INESPÉRÉE. NOUS NE DEVONS PAS ÉCHOUER, CETTE FOIS !
TU AS RAISON. TANT PIS POUR TOKU. NOUS N'AVONS PAS BESOIN DE LUI POUR RÉTABLIR L'HONNEUR !

MIEUX QUE ÇA. NOUS ALLONS MONTRER CE QUE NOUS VALONS À LA HIÉRARCHIE !
JE TE LE DEMANDE ENCORE UNE FOIS. OÙ EST LE REPAIRE DES SORCIÈRES ?
JE VAIS TOUT VOUS DIRE ! JE VAIS TOUT VOUS DIRE !
J'IGNORE DE QUOI IL PARLE AVEC SES SORCIÈRES, MAIS JE DOIS ME SORTIR DE LÀ !
JE ME MOQUE DE CE QUI ARRIVERA À CES FILLES ! CE NE SONT PAS MES AFFAIRES
HAA
HAA
L'A... L'APPARTEMENT ? LE REPAIRE... ?
EUH... EH BIEN...

IL... IL EST...
E... ELLES SONT...
CE N'EST PAS MON PROBLÈME !
JE ME FICHE DE LEUR SORT !

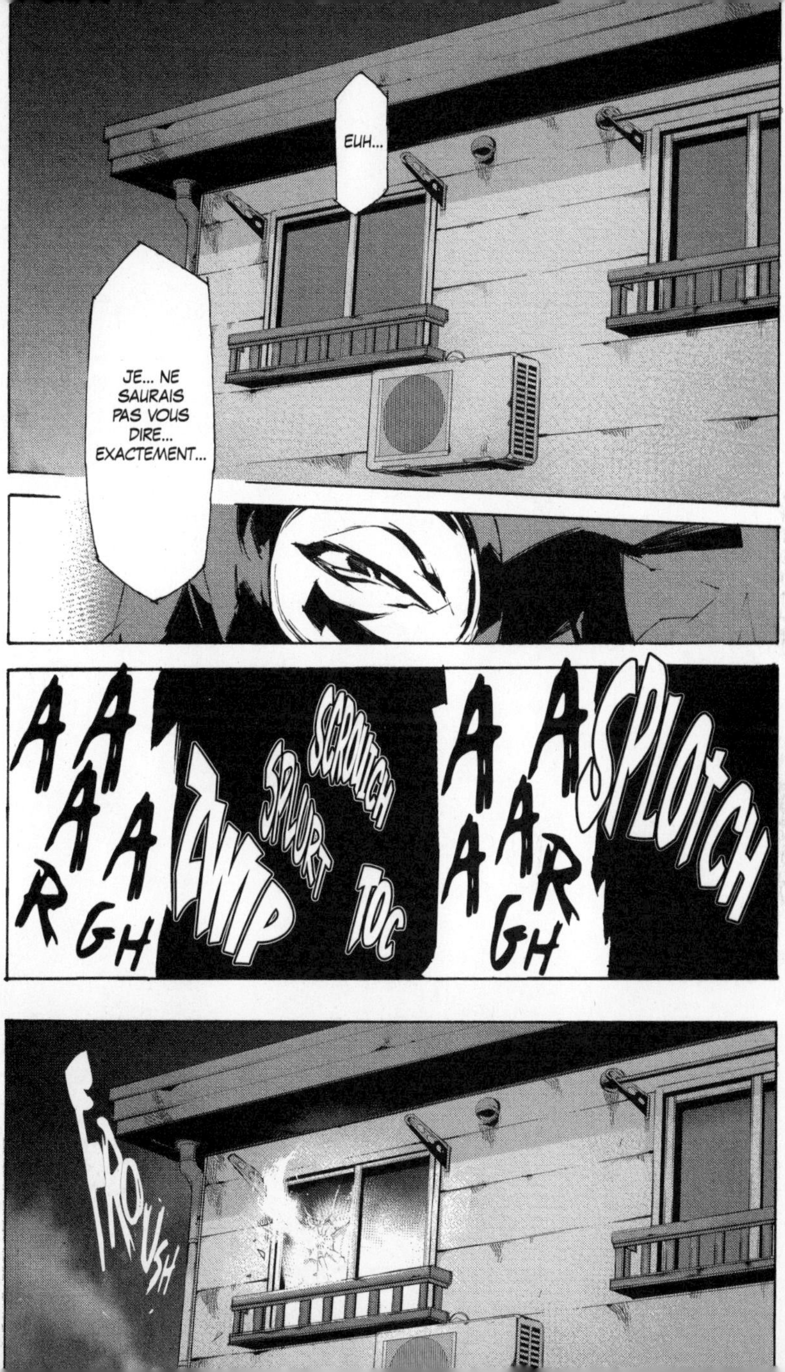
EUH...
JE... NE SAURAIS PAS VOUS DIRE... EXACTEMENT...
SPLOTCH
AAAARGH
TOC
SCROUTCH
SPLURT
ZWIP
AAAARGH
FROUSH

KRA
KRA
KRA
KRA

EURK HAA
RAAH

JE T'AI DIT DE NE PAS ME REGARDER
WOO OO WOO OO
JE SAVAIS BIEN QU'ON N'AURAIT PAS DÛ VENIR EN AIDE À UN GARÇON
TOUT... TOUT CE QUE JE VEUX...

C'EST JUSTE...

UNE VIE NORMALE !

ÇA, TU
PEUX FAIRE
UNE CROIX
DESSUS
WOOO
WOOO

0003 / Cage et mot interdit

TENEZ, C'EST UN SELFIE PRIS AVEC L'APPLI DE L'AUTRE JOUR
FAIS VOIR ?
OUAH ! TU ES SUPER-BEAU LÀ-DESSUS, KOTA !
TU DEVRAIS EN PRENDRE UNE AUSSI, MAI. TU SERAIS SUPERBE !

KOTA !
AH, IPPEI !
TU AS RÉUSSI À JOINDRE ASAHI ?
NON, TOUJOURS PAS. J'AI ESSAYÉ PLUSIEURS FOIS...
MÊME PAR TEXTO
PERSONNE NE L'A VU AU CLUB DE MANGAS NON PLUS
PEUT-ÊTRE QU'ON A RÉUSSI À LE MOTIVER POUR SORTIR DRAGUER ET QU'IL NE REVIENDRA PAS...
AVANT D'ÊTRE DEVENU UN HOMME ?
IL N'EST PAS COMME TOI, KOTA
CE N'EST PAS NORMAL. LES COURS DU SECOND SEMESTRE ONT REPRIS
IL N'EST PAS DU GENRE À SÉCHER...

JE VAIS ALLER DEMANDER À SON TRAVAIL
HÉ ! ATTENDS !
ON DEVAIT DÉJEUNER ENSEMBLE !
DÉSOLÉ. LA PROCHAINE FOIS !
C'EST MOI QUI PAIERAI
LA CUISINE DE NOTRE FIANCÉ FAVORI ME MANQUE
C'EST TOUT CE QUI T'INQUIÈTE ?!
animate
animate

ALORS IL N'EST PAS REVENU TRAVAILLER ?
NON. NOUS SOMMES INQUIETS, NOUS AUSSI
ON NE L'A PAS REVU DEPUIS LA BAGARRE DE L'AUTRE JOUR
D'AILLEURS, IL N'AVAIT PAS L'AIR EN FORME, CE JOUR-LÀ
...
LE GÉRANT EST ALLÉ SONNER CHEZ LUI, MAIS IL N'Y AVAIT PERSONNE
PAREIL. NOUS Y SOMMES ALLÉS PLUSIEURS FOIS
IL LUI EST ARRIVÉ MALHEUR ! C'EST SÛR !
NE DIS PAS ÇA. TU PASSES TROP DE TEMPS SUR INTERNET !

ALLONS VOIR DANS D'AUTRES ENDROITS
UTAYA
EBASU
DOUCHES GRATUITES CABINES DE BRONZAGE
DON QUI
MANGA CAFÉ OUVERT 24/24 6F

...
ENCORE BREDOUILLES ! ON RETOURNERA VOIR CHEZ LUI DEMAIN
PINPON
PINPON
PINPON
PINPON
PINPON
PINPON
PINPON
PINPON
PINPON
WOO
WOO
OO
PINPON
PINPON
PINPON
PINPON

COMME C'EST BON !
CE NIKUJAGA* EST UN VRAI DÉLICE !
* NIKUJAGA = PLAT MIJOTÉ À BASE DE VIANDE, DE POMMES DE TERRE, D'OIGNONS ET DE KONNYAKU

JE PEUX... EN AVOIR ENCORE UN PEU ?
O... OUI
QUEL APPÉTIT, DÈS LE PETIT DÉJEUNER !
HAAA... C'EST ÇA, LE BONHEUR !
J... JE SUIS CONTENT QUE ÇA VOUS PLAISE
D'OÙ TE VIENNENT CES QUALITÉS DE CHEF ?

EH BIEN... MA GRAND-MÈRE M'A BEAUCOUP APPRIS... ET PUIS...
POURQUOI EST-CE QUE C'EST MOI QUI LEUR FAIS LA CUISINE... ?
POUR FAIRE DES ÉCONOMIES, JE N'ACHÈTE JAMAIS DE PLATS PRÉPARÉS
C'EST LA MOINDRE DES CHOSES. NOUS T'AVONS SAUVÉ LA VIE. NOUS N'ALLIONS PAS EN PLUS...
TE LOGER SANS RIEN EN RETOUR ?
EUH... JE N'AI PAS L'INTENTION D'HABITER ICI...
OÙ IRAIS-TU ?
« INCENDIE À TOKYO DANS L'ARRONDISSEMENT DE N. »
C'ÉTAIT TON APPARTEMENT, ÇA, NON ?
EN... EN EFFET...
TOUT A BRÛLÉ !
Y COMPRIS TOUS MES TRÉSORS SI DUREMENT AMASSÉS...
« AUCUNE VICTIME PARMI LES HABITANTS, MAIS LES SECOURS... »
« ONT TROUVÉ TROIS CORPS NON-IDENTIFIÉS DANS LES DÉCOMBRES »

C'EST TOI QUI LES AS TUÉS
TOUS LES TROIS

I... IL N'AVAIT PAS LE CHOIX !
ET PUIS ARRÊTONS DE PARLER DE ÇA PENDANT LE REPAS !
J'AI... TUÉ DES GENS ? À CAUSE DE CE DRÔLE DE POUVOIR ?
ET... ET DE MON CÔTÉ... JE N'AI MÊME PAS UNE ÉGRATIGNURE...
ALORS QUE J'AI ÉTÉ BLESSÉ À MORT DEUX FOIS ?!
CES... CES HOMMES ...
ILS DISAIENT...
QUE...

QU'IL Y AVAIT...
DES SORCIÈRES, ICI...
VOUS... ET MOI... SOMMES-NOUS...
DES SORCIÈRAAAÏE !
PLA
F

SI JE T'ENTENDS ENCORE UNE FOIS PRONONCER CE MOT...
JE TE TUE DE MES PROPRES MAINS !
NE SOIS PAS SUR LES NERFS, COMME ÇA
IL NE NOUS A PAS DÉNONCÉES, MÊME SOUS LA TORTURE
D'AUTRES AURAIENT CÉDÉ POUR MOINS QUE ÇA

?
ÇA ALORS ! ELLE A L'AIR DE LUI OBÉIR !
CE N'EST PAS POUR ÇA QU'ON PEUT LUI FAIRE CONFIANCE !
JE N'AI PAS L'INTENTION DE LE RELÂCHER DANS LA NATURE
...
IL DOIT RESTER ICI...
POUR SON BIEN COMME POUR LE NÔTRE
...
JUSTE UNE CHOSE

QUE JE NE TE REPRENNE JAMAIS À ESSAYER DE « LA » FAIRE SORTIR D'ICI
...

SI TU LA METS ENCORE EN DANGER...
JE NE ME CONTENTERAI PAS DE TE FAIRE BRÛLER
...
CETTE... CETTE FILLE...
EST BIEN DE MON CÔTÉ... J'ESPÈRE

...
ET CES INDIVIDUS MASQUÉS ?
QUI SONT-ILS, EXACTEMENT ?
QUE VEULENT-ILS... ?
ILS N'EN ONT PAS SEULEMENT APRÈS TOI...
NI APRÈS NOUS

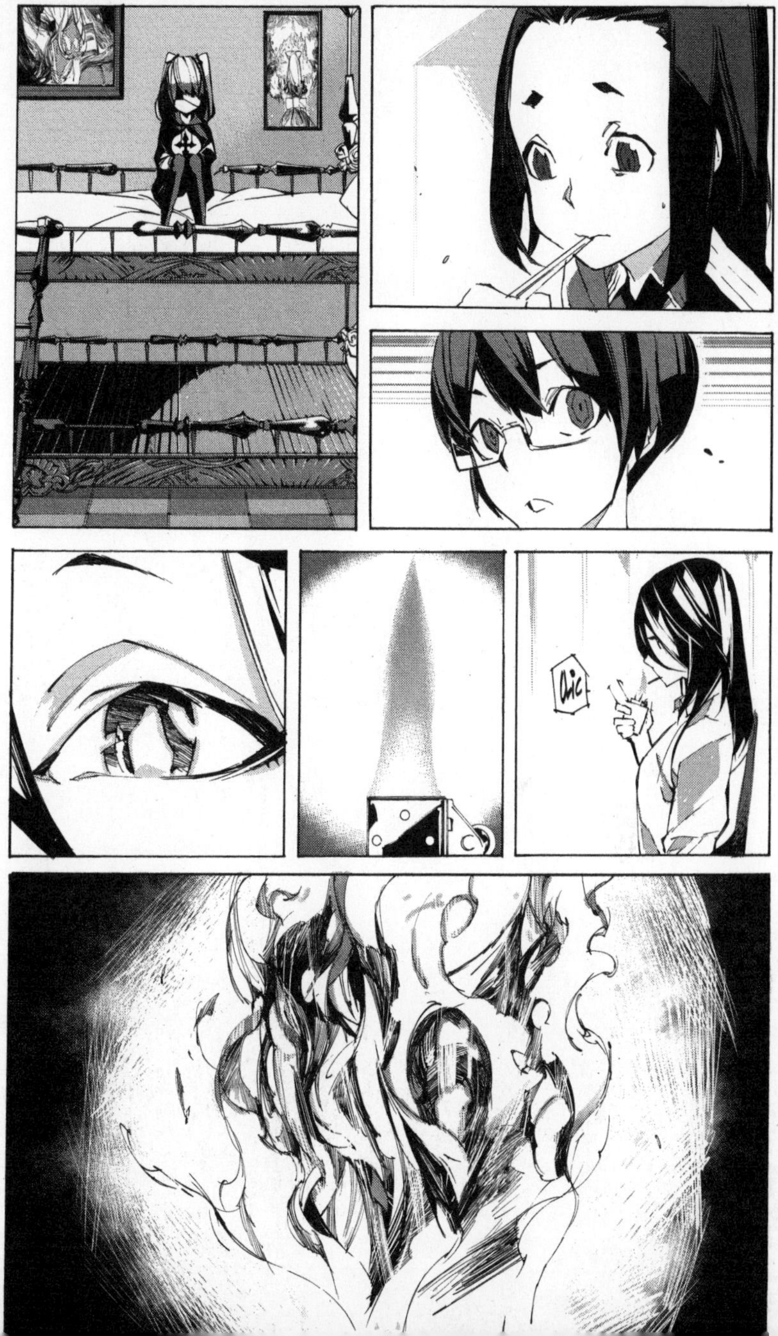
Clic

RABUA MORI, VINGT-TROIS ANS. INFIRMIÈRE
LUXURE
MARQUE PLAUSIBLE SUR L'ÉPAULE
DEPUIS LE DÉBUT DE L'ANNÉE, PLUSIEURS GUÉRISONS MIRACULEUSES PARMI SES PATIENTS...

PLUSIEURS DÉCÈS INEXPLIQUÉS CHEZ CEUX ÂGÉS DE PLUS DE CINQUANTE ANS
MAIS AUSSI, SELON MON ENQUÊTE...
FROUSH
HMM
HMM
POUR LA SAUVEGARDE DE CE MONDE...

FOUSH
TOUS LES SUSPECTS SONT COU-PABLES !
PSCHHH
...
V... VOUS VOULEZ DIRE QUE...
N... N'IM-PORTE QUI PEUT...
MERCI POUR CE BON REPAS !

J'AI TROP MANGÉ
JE CROIS QUE JE VAIS ME PASSER DE DÉJEUNER
TU N'Y ARRIVERAS JAMAIS
À TOUT À L'HEURE !
EUH...
...
POUR LE DÎNER, PRÉPARE-NOUS UN PLAT À L'OCCIDENTALE
TU VEUX BIEN...
ASAHI MAYUZUMI ?

0004 / Jeune fille et inconnus dans la rue

C'EST EN 1420 QUE LA GUERRE DE CENT ANS...
LYCÉE PUBLIC D'IZUMIYA
AURAIT PU SE TERMINER, AVEC LA SIGNATURE DU TRAITE DE TROYES. CET ACCORD FAVORISE L'ANGLETERRE, ET DONNE OFFICIEUSEMENT NAISSANCE...
À UN ROYAUME FÉDÉRAL ANGLO-FRANÇAIS. PAR LA SUITE, LES LUTTES POUR L'ACCÈS AU TRÔNE SE POURSUIVENT

SANS ENTRER DANS LES DÉTAILS, LES ANGLAIS PARVIENNENT À ÉTENDRE LEUR TERRITOIRE JUSQU'À ORLÉANS
C'EST À CE MOMENT-LÀ QU'INTERVIENT DANS L'HISTOIRE UN NOM QUE VOUS CONNAISSEZ TOUS...
JEANNE D'ARC
APRÈS AVOIR LIBÉRÉ ORLÉANS DES ANGLAIS, CELLE-CI ENCHAÎNE LES VICTOIRES MILITAIRES JUSQU'AU COURONNEMENT DE CHARLES VII
MAIS TOUS LES MIRACLES ONT UNE FIN
SUITE À L'ANNULATION DE LA PAIX, JEANNE D'ARC EST BLESSÉE ET CAPTURÉE LORS DU SIÈGE DE COMPIÈGNE...
Henri
épouse Henri V (Angleterre)
naissance officieuse
d'un royaume fédéral
octobre : mort de Charles VI
Angleterre
prend la succession

PUIS BRÛLÉE VIVE AU TERME D'UN PROCÈS EN HÉRÉSIE
C'EST UN EXEMPLE DE CHASSE AUX SORCIÈRES...
APPLIQUÉE À DES FINS POLITIQUES
SORCIÈRE... UNE ACCUSATION COMPLÈTEMENT ABSURDE, PENSEZ-VOUS SÛREMENT ?
MAIS EST-CE VRAIMENT BIEN LE CAS ?

SELON CERTAINS HISTORIENS, LA PREMIÈRE FOIS QUE JEANNE A REÇU SES RÉVÉLATIONS DIVINES, C'ÉTAIT CINQ ANS AVANT SES FAITS D'ARMES HISTORIQUES...
C'EST-À-DIRE QUAND ELLE AVAIT DOUZE ANS
DOUZE ANS
HIN HIN... HIN HIN HIN...
DOUZE ANS !
UN ÂGE OÙ LES JEUNES FILLES TRAVERSENT DES CHANGEMENTS DRASTIQUES
MAIS AUSSI, POURRAIT-ON DIRE, L'ÂGE OÙ LE DIABLE ÉCLOT EN ELLES
CETTE JEUNE FEMME QUI A ACCOMPLI TANT DE MIRACLES... DERRIÈRE SON ÉVEIL ET SES ÉLANS DIABOLIQUES...
CE QUE JE PERÇOIS, PLUS QUE L'APPEL DE L'HISTOIRE, CE SONT DES ASPIRATIONS ET DES PEURS BIOLOGIQUES

DING DONG
DING DONG
HIN HIN HIN...
NIRA-SAWA, PAR MO-MENTS, ELLE ME DONNE DES FRIS-SONS
QU'EST-CE QU'ELLE ME MET MAL À L'AISE !
ON DEVRAIT PEUT-ÊTRE EN PARLER AUX AUTRES PROFES-SEURS ?
AYA...
TU M'ACCOM-PAGNES AUX TOI-LETTES ?
AYA ?
image effacée

NE PAS ENTRER
SANS AUTORISATION
WIII
NE PAS ENTRER
SANS AUTORISATION
LA FILLE QUE J'AI VUE LÀ-DEDANS... JE ME DEMANDE SI ELLE AUSSI ELLE A FAILLI ÊTRE TUÉE PAR CES TYPES ?
TOUT ÇA SEMBLE TELLEMENT IRRÉEL... MAIS JE SUIS BEL ET BIEN MÊLÉ À UNE HISTOIRE EFFROYABLE !
JE ME DEMANDE COMMENT VONT IPPEI ET KOTA
MA GRAND-MÈRE... MES COLLÈGUES... TOUT LE MONDE PENSE PEUT-ÊTRE QUE JE SUIS MORT DANS L'INCENDIE ?

QU'EST-CE QUE JE VAIS DEVENIR ?
UNE SERRURE ?!
POURQUOI TANT DE PRÉCAUTIONS ?
?!
!
SHAK

!
...
EUH... LES AUTRES NE SONT PAS LÀ. EN CLASSE, SANS DOUTE ?
QUANT À VOTRE CHEF, ELLE A DÛ PARTIR TRAVAILLER TÔT

E... EUH... JE M'APPELLE ...
ASAHI MAYUZUMI
DÉSOLÉ POUR... LA DERNIÈRE FOIS
...
...
...
ET... ET TOI ? TU T'APPELLES COMMENT ?
...
...
...
JE... JE COMPRENDS QUE TU NE SOIS PAS À L'AISE, MAIS...
E... ESSAYONS... DE NOUS ENTENDRE ?
ENFIN... PAS FORCÉMENT TOUT DE SUITE, HEIN...
LE CHAT... KOMA, C'EST ÇA ? IL T'AIME BIEN
MOI AUSSI, JE CROIS QU'IL M'AIME BIEN. HA HA...
T... TU AS FAIM ? JE TE FAIS À MANGER ? NON ? BON...
...

OH !
TU LIS DES MANGAS ?
LA SÉRIE RANDORI FÊTE SON 4e ANNIVERSAIRE !
M... MOI AUSSI, J'AIME LES MANGAS ET LES ANIMES !
...
TU AIMES...
LES MANGAS...
OUI ! OUI, J'ADORE ÇA !
C'EST QUOI, TES SÉRIES PRÉFÉRÉES ?
MOI, EN CE MOMENT, C'EST « IKAMAJO ». UNE HISTOIRE DE SORCIÈRES !

...
O... OUPS ! ELLE NON PLUS, ELLE N'AIME PAS LE MOT « SORCIÈRE » ?
SI TU PRONONCES ENCORE CE MOT, JE TE TUE !
EUH... JE VOULAIS DIRE... J'AIME BIEN... RANDORI, QUI EST EN COUVERTURE ! I... IL PARAÎT QUE ÇA PLAÎT AUX FILLES DE PRIMAIRE. TU ES... EN PRIMAIRE, NON ?
...
LES MANGAS DE SPORT, TU AIMES ? J... J'AVOUE QUE MOI NON PLUS. TU PRÉFÈRES LES SÉRIES COMME « KIDNAPPING CLUB » ? L'ANTI-HÉROÏNE EST EXCELLENTE
...
OU BIEN « KILLING MONEY » ? ON DIT QUE LES ENFANTS S'INTÉRESSENT DE PLUS EN PLUS À LA BOURSE... J'AI TOUS LES VOLUMES, SI TU VEUX. ENFIN, NON. J'AVAIS... TOUT A BRÛLÉ
IKAMAJO...
JE CONNAIS... IL Y A... UN PORTE-CLÉS... ÉDITION LIMITÉE... IL S'ILLUMINE EN ROUGE...
QUELQUE PART ICI...
HEIN ?
IL DOIT APPARTENIR À LA FILLE QUE J'AI AIDÉE ?
OUI. CE MAGAZINE AUSSI
ELLE ET MOI, ON SE RESSEMBLE

UN PORTE-CLÉS QUI S'ILLUMINE EN ROUGE ? COMMENT AI-JE PU RATER ÇA ? SANS DOUTE UN PRODUIT NON-OFFICIEL... ?
MAIS SELON LE PERSONNAGE, ÇA PEUT M'INTÉRESSER !
LÀ, DANS CETTE BOÎTE, JE CROIS ...
C'EST TROP HAUT ...
CE N'EST PAS GRAVE
ON M'A DIT DE NE TOUCHER À RIEN, DE TOUTE FAÇON
...
DÉSOLÉE...

SI ON SE FAIT PRENDRE, ON N'AURA QU'À DIRE QUE C'EST KOMA !
MIAOU ?
IL N'EST PLUS LÀ
J'ESPÈRE QU'ELLE NE L'A PAS JETÉ...
NE T'EN FAIS PAS. MERCI QUAND MÊME
FAISONS AUTRE CHOSE !
POURQUOI PAS DES JEUX VIDÉO ?

IL N'Y A PAS DE TÉLÉ...
BIZARRE, IL Y A UN MEUBLE TÉLÉ, POURTANT ?
QUE FAIRE POUR PASSER LE TEMPS ?
!
ENCORE UN VER-ROU !

* « DARUMA OTOSHI » : JEU D'ADRESSE CONSISTANT À FAIRE GLISSER LATÉRALEMENT LES PIÈCES D'UNE FIGURINE EN BOIS EN LES FRAPPANT AVEC UN PETIT MARTEAU.

UN, DEUX, TROIS... SOLEIL !
UN... DEUX...
TROIS...
SOLEIL !
OUF !
ARGH ! NON ! KOMA TU ME CHATOUILLES !
OUPS !

PERDU !
KOMA ! TU ME GÊNES À CHAQUE FOIS !
ON INVERSE LES RÔLES
JE NE PENSAIS PAS QU'ELLE CHOISIRAIT CE JEU...
EST-CE QU'ELLE ME TESTE ? OU C'EST JUSTE UNE FANTAISIE D'EN-FANT ?
PRÊTE ?
TU N'ÉTAIS PAS OBLIGÉ D'EXA-GÉRER TA CHUTE

J'AI L'HABITUDE DE VOIR...
AVEC UN SEUL ŒIL
ELLE A DE-VINÉ...
...
CETTE ENFANT...
ELLE AUSSI, ILS EN VEULENT À SA VIE...
SI TU LA METS ENCORE EN DANGER, JE NE ME CONTEN-TERAI PAS DE TE FAIRE BRÛLER
SON ŒIL... C'EST PEUT-ÊTRE EUX QUI LUI ONT FAIT ÇA ?

ELLE N'A PAS L'AIR D'ALLER À L'ÉCOLE...
ON COM-MEN-CE !
LA PAUVRE... ENFERMÉE ICI, SANS TÉLÉ NI JEUX... ET SANS AMIS NON PLUS, À SON ÂGE !
UN, DEUX, TROIS ...
SOLEIL !

UN, DEUX, TROIS...
SOLEIL !
TANT QUE TU RESTES DERRIÈRE LE COIN, JE NE RISQUE PAS DE TE VOIR !
UN, DEUX...
TROIS ...
SOLEIL !
UN, DEUX, TROIS...
SOLEIL !
...
J'AI FAILLI TE VOIR, LÀ !
UN...
DEUX ...
TROISO-LEIL !
HA HA HA ! TU AS PERDU, KOMA !
JE VOIS TA QUEUE BOUGER !
PERDU !

ÇA FAISAIT LONG-TEMPS ...
QUE JE N'AVAIS PAS JOUÉ EN VRAI...
...
?
OOO-HÉÉÉ ?

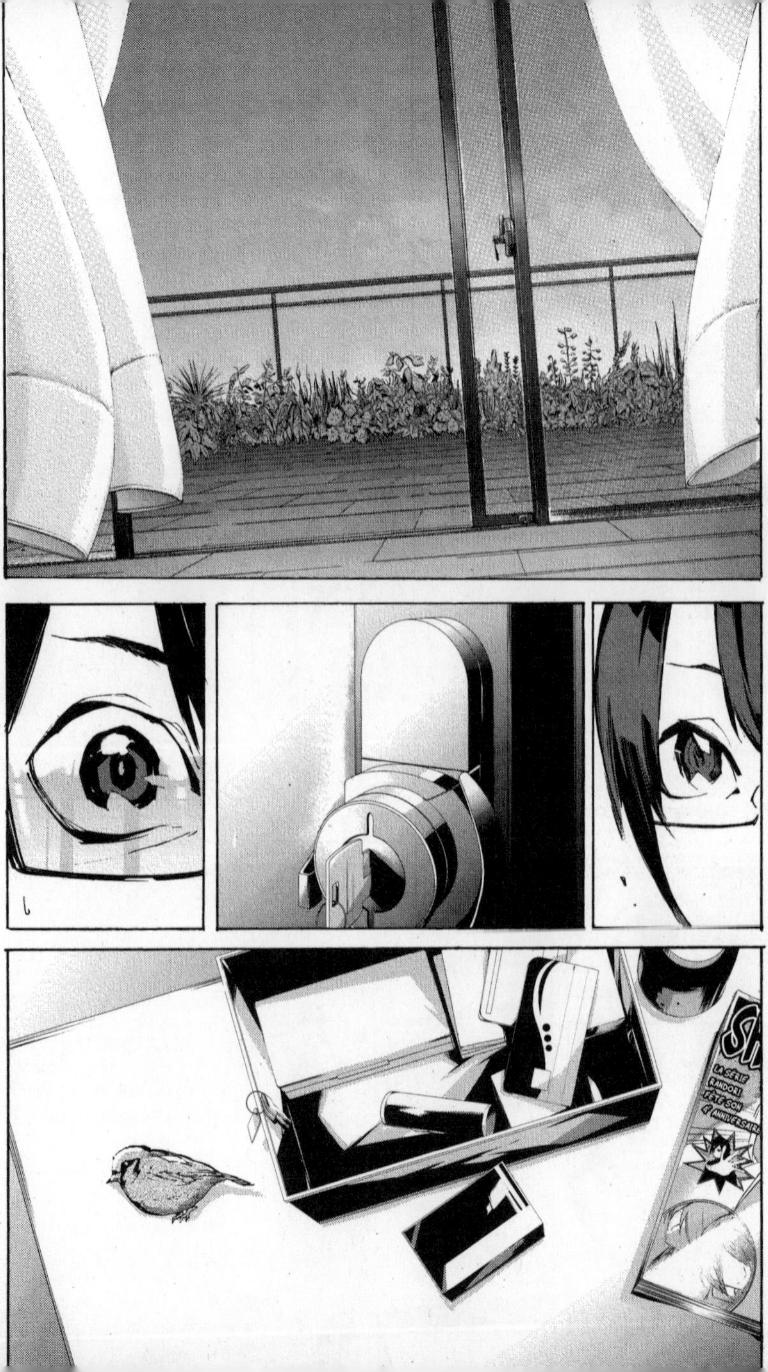
LA SÉRIE
RANDORI
FÊTE SON
4e ANNIVERSAIRE

...
0005 / Chat et camionnette
SI TU LA METS ENCORE EN DANGER...
JE NE ME CONTENTERAI PAS DE TE FAIRE BRÛLER

ELLE A ELLE-MÊME OUVERT LA SERRURE. ELLE N'A DONC PAS ÉTÉ KIDNAPPÉE
EST-CE QU'ELLE S'EST ENFUIE ?
SI OUI, POURQUOI ?
EN TOUT CAS... IL FAUT QUE JE PRÉVIENNE LES AUTRES !
MON TÉLÉPHONE ...
ZUT... J'OUBLIAIS
DE TOUTE FAÇON, JE NE CONNAIS MÊME PAS LEURS NOMS...
ET J'IGNORE COMPLÈTEMENT OÙ ELLES SONT
MIAOU !

L'ES-CALIER DE SE-COURS...
MIAOU
MIAOU
...
SNIF
SNIF
QUAND KOMA EST VENU CHEZ MOI...
C'ETAIT COMME S'IL M'AVAIT FLAIRE... !
KOMA !
SNIF
SNIF
PEUT-ÊTRE QU'IL PEUT TROUVER...
LES « SOR-CIÈRES » À L'ODEUR ?!
PA... PAS SI VITE !
...

DEHORS, JE SUIS MOI AUSSI...
EN DANGER... !
WIII

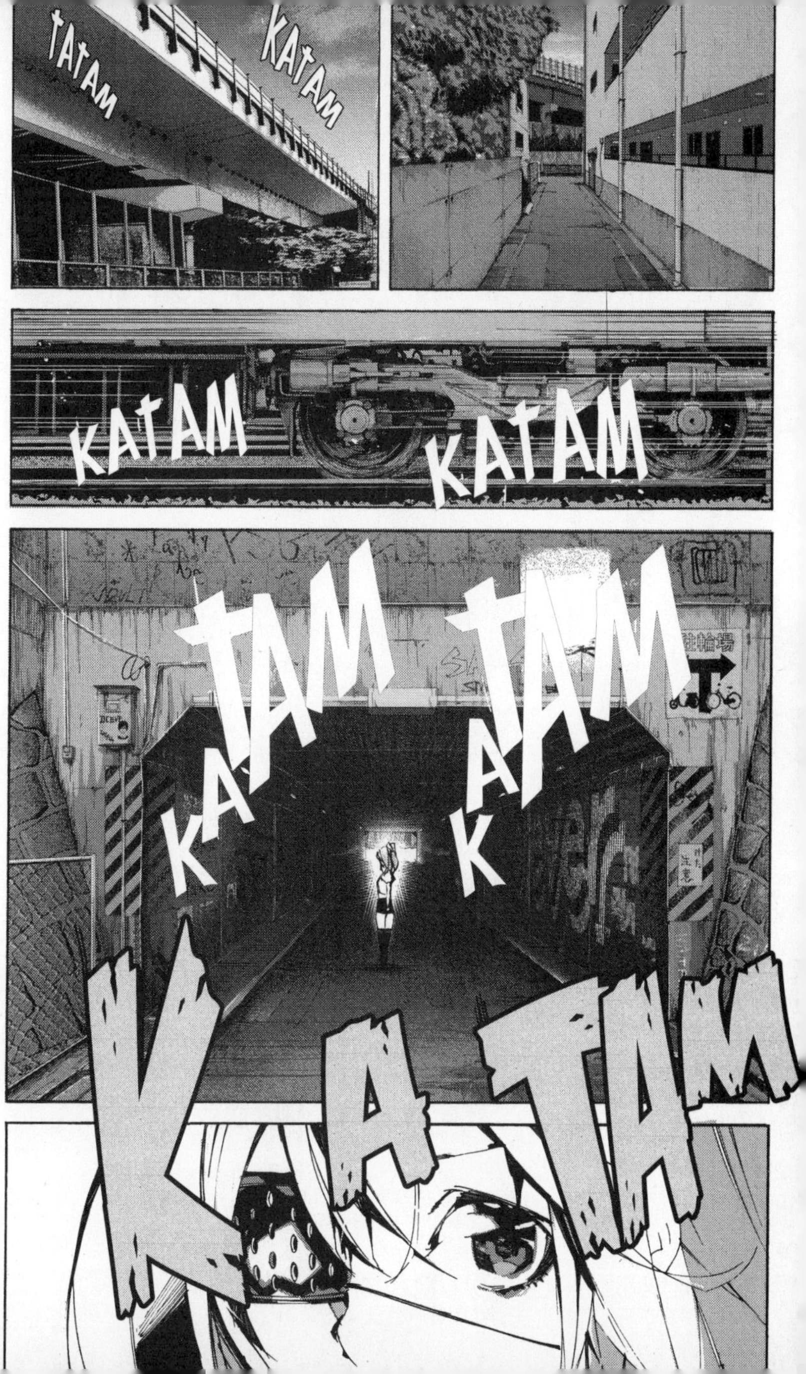
TATAM
KATAM
KATAM
KATAM
KATAM
KATAM
KATAM

ÉCOLE
S'ILS LA CAPTURENT, ILS RISQUENT DE LA BRÛLER VIVE, COMME MOI !
?!
TAC
PAS QUESTION DE LA LAISSER TOMBER LÂCHE-MENT, CETTE FOIS-CI !

JE NE SUIS PAS UN CHAT, MOI...
HOP
MIAOU !
!
AVEC MON MASQUE, J'AI L'AIR D'UN VOLEUR...
PARDON AUX HA-BITANTS ...
HUMPF ...

HAA
HAA
HAA
HAA
HAA
HAA
PFFF...
HAA
SHAF
JE COMMENCE À ME DEMANDER SI JE FAIS VRAIMENT BIEN DE LE SUIVRE...
HAA
HAA

SI JE PERDS LE CHAT EN PLUS DE LA FILLE, JE N'OSE PAS IMAGINER CE QUE LES AUTRES VONT ME FAIRE...
!
ZWIP
ZWIP
MIAAAAOU !
ZWIP
E... EUH ? QU'Y A-T-IL ?
TA QUEUE...
ÇA VA ?
MIAAAAAOU !

!
ZWIP
ZWIP
ATTEN-TION !
VIENS ICI
AÏE ! RESTE TRAN-QUILLE !
MIAOU
MIAOU
...
MIAOU
MIAOU
MIAOU
MIAOU

URIIII

MILLE EXCUSES ! JE NE VOUS AI PAS HEURTÉ, J'ESPÈRE ?
E... EUH... NON...
JE... EUH...
T... TOUT VA BIEN
OUF, ÇA ME RASSURE
HOP

K... KOMA ?! HÉ !
AÏE !
EXCUSEZ CETTE PAUVRE BÊTE...
D'OÙ VIENT CE CHAT ?
OUSTE ! DEHORS !
ÇA FAIT MAL, BON SANG

?!
!
TITAN
650000
JE SUIS DÉSOLÉ !

ZZT B
B-LZZT
ARCHII!
HIII !
POF
!
BZZ ZTT

BZZT
SNURF
?
RODONFL
ZZZZ
...?
BZZZT
WHAM
A... AAAH ...

NON !

DONK

BLOF
ÇA VA ?
GASP
HAAA

KOMA...

0006 // Paumes et supplications
TU N'AS PLUS RIEN À CRAINDRE, KOMA

L... LÀ-BAS...
DANS LA CAMIONNETTE !
LA FILLE !
...
OUH ...
AAH ...

CETTE FILLE... EST-CE UNE SORCIÈRE, ELLE AUSSI ?
JE NE CROIS PAS. EN TOUT CAS, ELLE N'EST PAS SUR LA « LISTE D'ORISHIMA »
...
WHU
UP
WAF
P
HO
P
!

ARCH !
TCHA
Ac
PA
...
WOOSH
POK
A
F

ARGH !
MIAOU
IM... IMPRES-SIONNANT !

TAC
?
HÉ ? M... MAIS... ?
MOI AUSSI, JE VEUX ME BATTRE ...
DISPARAIS
JUSQU'ICI...
JE T'AI TOLÉRÉ PARCE QU'ON ME L'A DEMANDÉ

J'AI SUPPORTE QUE TU UTILISES ...
LA SALLE DE BAINS ET LES TOILETTES
QUE TU OCCUPES MON CHAMP DE VISION. QUE TU RESPIRES MON AIR
MAIS JE N'EN PEUX PLUS
À CAUSE DE TOI...
DEPUIS QUE TU ES APPARU...
NOUS N'AVONS QUE DES PROBLÈMES !
JE... JE SUIS DÉSOLÉ ...
MAIS... TU ES SEULE CONTRE EUX...
DISPARAIS IMMÉDIATEMENT, JE TE DIS !
S'IL TE PLAÎT

TAP
TAP
!
PAS SI VITE !
VLA
N
B
OK

...
TAP
!
TAK
WO
SH

WHU
?!
DOC
PA

TAP
L'HOMME AU BON-NET...
BZZZT
WOOM
WOOM
SNURF
?
BZZZZT
ROOOONFL
ÇA, C'EST LA MEILLEURE...
ZZZZ
...
RONFL

TA
C
BZZT
POF

CLIC
ELLE NOUS AURA DONNÉ DU MAL !
ET LE GARÇON QUI S'EST ENFUI ?
INUTILE DE LE POURSUIVRE. IL REVIENDRA DE LUI-MÊME
?!

FSHHHH
QU'EST-CE QU'IL A, CELUI-LÀ ? IL A L'AIR VRAIMENT EN COLÈRE ...
VOUS CROYEZ QU'IL APPARTIENT À LA FILLE ?
FLANQUE-LUI UNE DÉCHARGE
LÀ, DOUCEMENT... DONNE LA PA-PATTE !
FSHHH
VOUS ÊTES SÛR QUE C'EST NÉCESSAIRE ?
OUI. KUGA NOUS L'A DIT. LES CHATS NOIRS DES SORCIÈRES SONT DAN-GEREUX
FSHHH
AÏE !
MONSIEUR MUGURUMA... FAITES SORTIR CETTE BÊTE DE...
MA PAROLE ? IL DORT ?!
NE LE RÉVEILLE PAS. ÇA VA LE METTRE DE SALE HUMEUR
!
...

DÉGÂT INFLIGÉS PAR VOIE MAGIQUE
C'EST TOI QUI LES AS TUÉS. TOUS LES TROIS
SI JE T'ENTENDS ENCORE UNE FOIS PRONONCER CE MOT...
JE TE TUE DE MES MAINS !
DONNE. JE VAIS LE FAIRE
FSHHH
DÉSOLÉ... RIEN DE PERSONNEL...

BO
M
PLA
F
?
...

J... JE... JE NE VOULAIS PAS...
!
TSAA
AAAAAH !
CETTE FOIS-CI, JE VAIS VRAIMENT ME FAIRE TUER...
TU NOUS AS BIEN BERNÉS, EN FAISANT SEMBLANT DE FUIR !
V... VOUS VOUS MÉPRENEZ... JE... JE...
JE NE SUIS PAS UNE SORCIÈRE ! JE...

WOUUM
?
QU'EST-CE QUE TU MANIGANCES ?
...
QUITTE À ME FAIRE TUER ENCORE UNE FOIS...
AUTANT ESSAYER DE FAIRE FONCTIONNER MON POUVOIR !
...
CE GARÇON... SE POURRAIT-IL QU'IL S'AGISSE...
DE LA FAMEUSE « SORCIÈRE MÂLE »...
QUI A TUÉ SHINOHARA ET SON GROUPE ?

ARGH !
HO
P
YAAAAAAH !
?!

...
POURQUOI ÇA NE MARCHE PAS ?
LA DERNIÈRE FOIS, ÇA FAISAIT DES FLAMMES ÉNORMES...
JE VAIS T'AP-PRENDRE À FAIRE LE MALIN !
TAC
PEW

CE MAUDIT CHAT !
BLAF
!
KOMA !
!
WHUP
AAAAAAAAAH...
ARRRRRGH !

0007 / « Elles » et leurs noms

DANS L'AFFAIRE DE LA VOITURE RETROUVÉE BRÛLÉE EN PLEINE FORÊT À S. HIER...
Fusillade aux USA : l'enquête est ouverte
Retraits illégaux
Désastres sismiques :
ndement à la proposition de loi
de la fuite des données personnelles
LE CORPS A PU ÊTRE IDENTIFIÉ COMME CELUI DE MEGUMI CHO, DIX-NEUF ANS. LA POLICE N'ÉCARTE POUR L'INSTANT AUCUNE HYPOTHÈSE
QUELLE HORREUR ! TU CROIS QUE C'EST UNE HISTOIRE DE CŒUR ?
UN PROBLÈME D'ARGENT, JE DIRAIS. MAIS IL Y A AUSSI SÛREMENT UN GARÇON DANS L'AFFAIRE
TU ENTENDS, CHIEMI ? FAIS BIEN ATTENTION À TOI !
CHIEMI ? TU ÉCOUTES ?
HÉ !
OUI, OUI
QU'EST-CE QUE TU REGARDES SI ATTENTIVEMENT ?
POSE TON PORTABLE, QUAND ON TE PARLE !
CHIEMI !
LE MONDE EST PLUS DANGEREUX QUE TU NE LE CROIS

HMM? QU'EST-CE QUI SE PASSE ? C'EST LE MATIN ?
FLAP
MONSIEUR TAMON !
FLAP
MONSIEUR TAMON !
OH NON ...
BON SANG !
J'AVAIS RAISON, CE GARÇON EST UN MONSTRE !
GLOUPS
MON-SIEUR TAMON ! JE VAIS VOUS SORTIR DE LÀ...

MONSIEUR TAMON...
TENEZ BON ! NE MOUREZ PAS...
...

VROUMM
POOF

POF

MI !
ZUMI !
MON-SIEUR MAYU-ZUMI !
AH !
ÇA V...
LE FEU... !
ARGH !
BOK

BO M
OUPS... EUH...
EN... ENCORE ?
VOUS...
FEU... LE FEU !
IL FAUT APPELER... ? NON ! IL FAUT FUIR...
!
T... TOUT VA BIEN ?

SHWUUU

?
EH BIEN, BRAVO !
!

TA PRO-
MESSE
!
SI TU LA METS ENCORE EN DANGER, JE NE ME CONTENTE-RAI PAS DE TE FAIRE BRÛLER
E... EUH... P... PARDON !
J... JE... JE NE LE REFERAI PLUS !
...

NON. C'EST MA FAUTE
?!
ELLE AVAIT L'AIR CALME, ALORS J'AI RELÂCHÉ MON ATTENTION. MAIS APPAREMMENT...
ELLE NE NOUS DISAIT PAS TOUT CE QU'ELLE « VOYAIT » !
AU FAIT ! ÇA VA ?
ILS NE T'ONT PAS FAIT DE MAL ?
TU ME FATIGUES !
KICK
ARRÊTE DE ME TRAITER COMME UNE GAMINE !

EUH...
PLAÎT-IL ?
EN TOUT CAS...
IL SEMBLE QUE...
JE T'AIE SOUS-ESTIME
RIN !
NOUS AVIONS RAISON. CE MAYUZUMI ...
MÊME SI C'EST UN GARÇON, IL EST COMME NOUS !

...
RIN...
C'EST COMME ÇA... QUE VOUS VOUS APPELEZ ?
OUPS !
...
Clic
À PARTIR DE MAIN-TENANT...
LES CHOSES NE VONT FAIRE QU'EMPIRER

JE SUIS DÉSOLÉ...
TOUT EST MA F...
RINKO
PAS « RIN »...
RINKO
ELLE, C'EST SUMIRE
...
ET... ET MOI, C'EST... AYUMI ODANAGI !

FIOUH!
?
J'ATTENDAIS DE TE DIRE MON NOM DEPUIS LE JOUR OÙ TU M'AS AIDÉE...
EUH...
ET TOI... ?
NE ME PARLE PAS
NE T'AP-PROCHE PAS DE MOI
NE ME REGARDE PAS

MOI, C'EST ASAHI MAYUZUMI !
EH BIEN, ASAHI MAYUZU-MI...

JE TE...
DÉTESTE !
OUH ——
RIN, DE-PÊCHONS-NOUS DE PARTIR...
...
ÇA...
PROMET
HELVETICA_001 / FIN

Helvetica 1

SCÉNARIO

Shizuka Tsukiba

ÉQUIPE DESSIN

Atsushi
Mami Ishikawa
Ohara
Ogata
Oda
Yuki Kabashima
T. Kubo
Y. Kubo
Kobayashi
Masato Yatsuda

RESPONSABLE ÉDITORIAL

Junpei Matsuo

DESIGN

Anna Kawamura (agence Ichio Otsuka)

RESPONSABLE ÉD. RELIÉE

Yumi Koshimura

Merci à toutes celles et à tous ceux
qui nous ont soutenus depuis le début !
Et, du fond du cœur, merci à vous, lectrices
et lecteurs qui avez acheté « Helvetica » !
À bientôt pour le volume 2.

Somei

helvetica

HELVETICA

First published in Japan in 2017 by SHUEISHA Inc., Tokyo.

French translation rights in France and French-speaking Belgium, Luxembourg, Switzerland, Canada, and Monaco arranged by SHUEISHA Inc. through VIZ Media Europe S.A.R.L., France.

Collection dirigée par : Grégoire Hellot
Traduction : Adrien Tchou
Lettrage : San-G

ISBN : 978-2-368-52689-7

MIXTE
Papier issu de sources responsables
FSC www.fsc.org FSC® C003309

Kurokawa, une marque d'Univers Poche, est un éditeur qui s'engage pour la préservation de son environnement et qui utilise du papier fabriqué à partir de bois provenant de forêts gérées de manière responsable.

Kurokawa - 12, avenue d'Italie
75627 PARIS Cedex 13

Dépôt légal : juillet 2019
Imprimé en France par Aubin Imprimeur

KUROKAWA
www.kurokawa.fr